이 책은 장클로드 아밀라와의 협업으로 밀랑 출판사에서 제작했습니다.

오! 자동차 초판 1쇄 발행 2022년 7월 18일 | 초판 2쇄 발행 2023년 6월 10일 | 지은이 폴 크라프트 | 옮긴이 양진희 | 감수 임유신 | 책임편집 박은덕 | 편집 조은숙 | 디자인 이지영 | 펴낸이 권종택 | 펴낸곳 (주)보림출판사 | 출판등록 제406-2003-049호 | 주소 10881 경기도 파주시 광인사길 88 | 전화 031-955-3456 | 팩스 031-955-3500 | 홈페이지 www.borimpress.com | 인스타그램 @borimbook | ISBN 978-89-433-1460-6 77550 / 978-89-433-1174-2(세트) | Autos–Le catalogue voitures © 2017, Éditions Milan, France, 2017 pour la première édition, 2020 pour la présente édition, illustrations de Paul Craft, collaboration de Jean-Claude Amilhat pour le conseil technique. | All rights reserved. | Korean translation © 2022, Borim Press | Korean edition is published by Borim Press with arrangement through Pauline Kim Agency, Seoul, Korea | 본 저작물의 한국어 판권은 Pauline Kim Agency를 통해 Albin Michel Jeunesse와 독점 계약 한 (주)보림출판사에 있습니다. 한국 내에서 저작권법에 따라 보호를 받는 저작물이므로 무단 전재 및 무단 복제를 금합니다. ⚠주의: 책 모서리가 날카로우니 던지거나 떨어뜨리지 마세요.(사용연령 3세 이상)

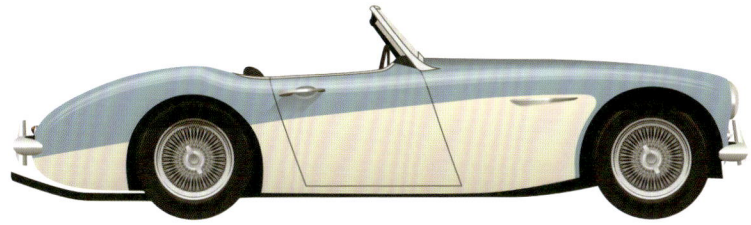

오! 자동차

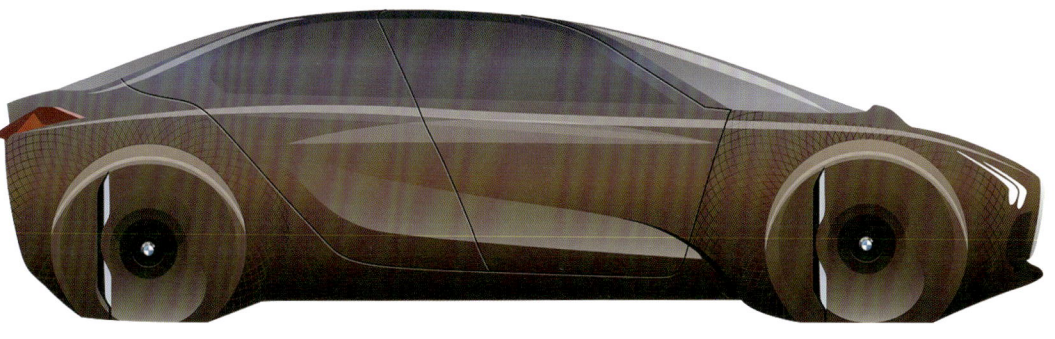

폴 크라프트 지음
양진희 옮김
임유신 감수

미니
40

초소형차
38

소형차
36

전례 없는 기록을 세운 차
34

포드 GT40
32

핫로드와 맞춤형 자동차
42

세단
44

호화로운 고급 자동차
46

시트로엥 DS
48

영화에 등장한 자동차
50

찾아보기
60

미래의 자동차
58

폭스바겐 골프
56

로드스터 마쓰다 MX-5
54

스포츠카
52

자동차의 간략한 역사

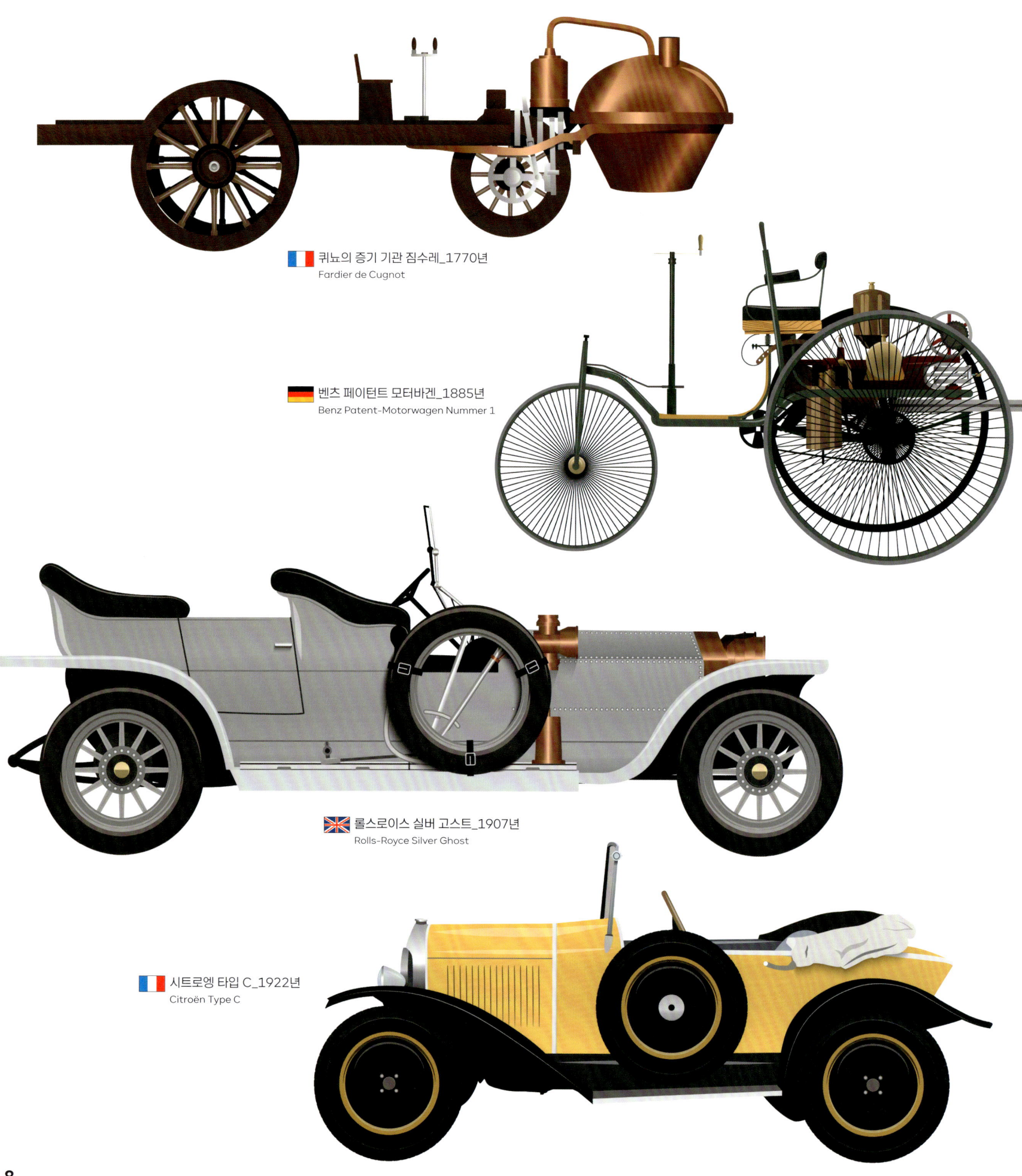

🇫🇷 퀴뇨의 증기 기관 짐수레_1770년
Fardier de Cugnot

🇩🇪 벤츠 페이턴트 모터바겐_1885년
Benz Patent-Motorwagen Nummer 1

🇬🇧 롤스로이스 실버 고스트_1907년
Rolls-Royce Silver Ghost

🇫🇷 시트로엥 타입 C_1922년
Citroën Type C

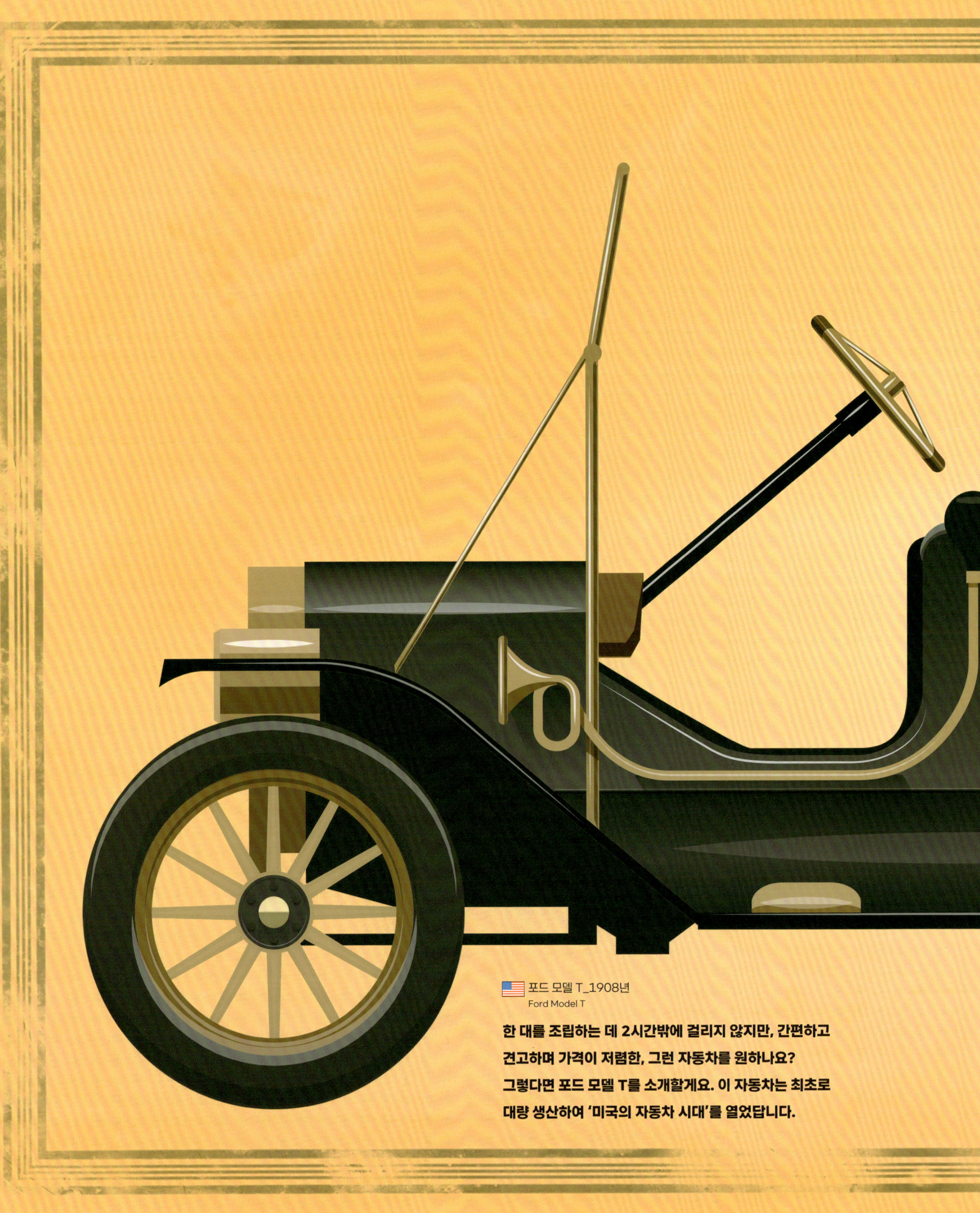

🇺🇸 포드 모델 T_1908년
Ford Model T

한 대를 조립하는 데 2시간밖에 걸리지 않지만, 간편하고 견고하며 가격이 저렴한, 그런 자동차를 원하나요? 그렇다면 포드 모델 T를 소개할게요. 이 자동차는 최초로 대량 생산하여 '미국의 자동차 시대'를 열었답니다.

1908년 포드 모델 T

역사적으로 중요한 자동차

🇫🇷 시트로엥 트락숑 아방 11BL_1939년
Citroën Traction Avant 11BL

빠르고 믿음직스러운 이 전륜 구동 자동차는 1930년대 갱단들이 즐겨 탔어요! 그리고 게슈타포와, 제2차 세계 대전 동안에는 프랑스 레지스탕스들도 사용했답니다.

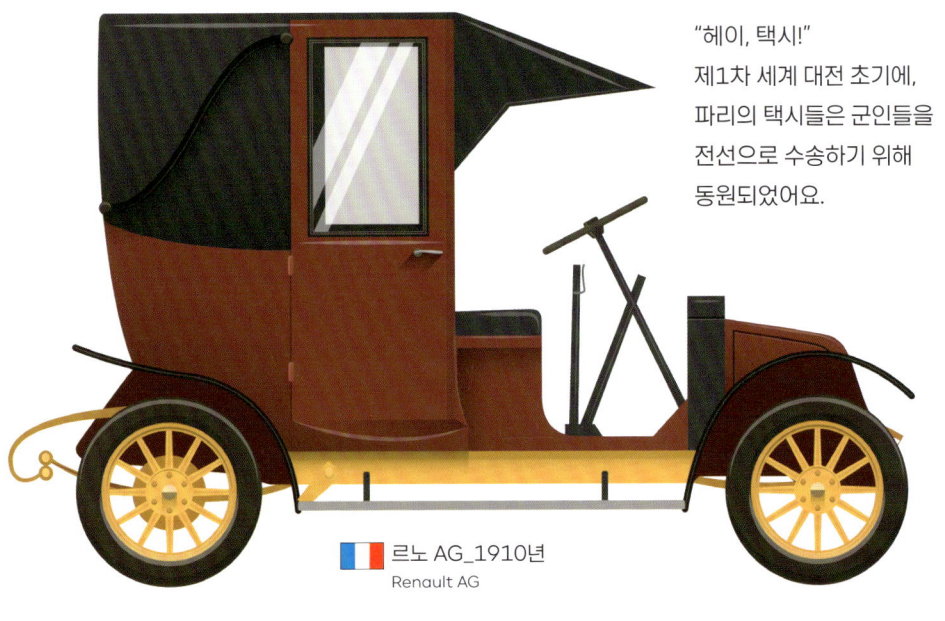

🇫🇷 르노 AG_1910년
Renault AG

"헤이, 택시!"
제1차 세계 대전 초기에, 파리의 택시들은 군인들을 전선으로 수송하기 위해 동원되었어요.

🇺🇸 윌리스 지프 MB_1941년
Willys Jeep MB

상황이 긴박해진 미국 육군은 지프를 특별 주문했어요! 지프는 사륜구동 자동차의 하나로 어디에서라도 달릴 수 있답니다. 제2차 세계 대전 동안 미국 육군의 장비로 사용되었지요.

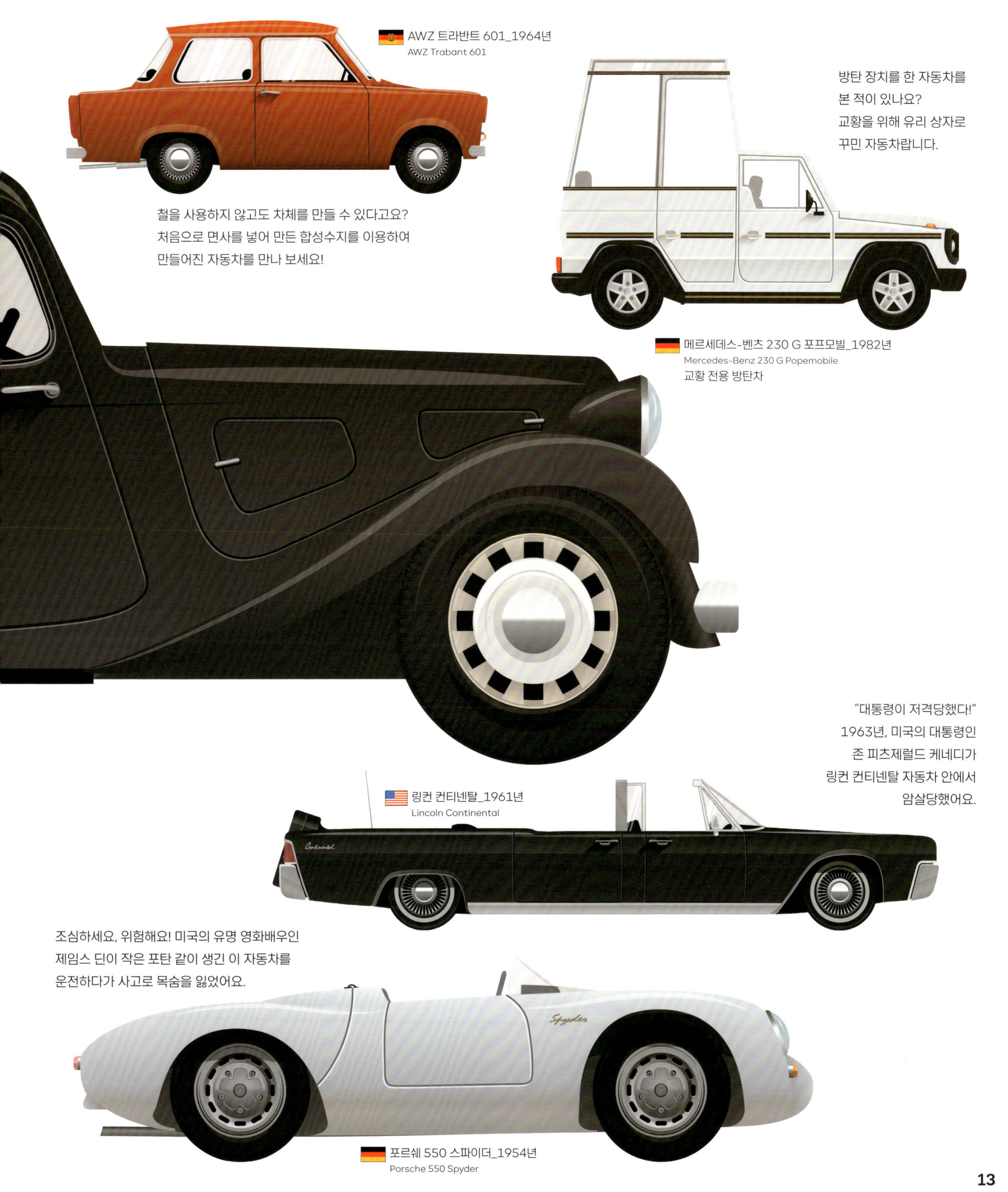

🇩🇪 AWZ 트라반트 601_1964년
AWZ Trabant 601

철을 사용하지 않고도 차체를 만들 수 있다고요?
처음으로 면사를 넣어 만든 합성수지를 이용하여
만들어진 자동차를 만나 보세요!

방탄 장치를 한 자동차를
본 적이 있나요?
교황을 위해 유리 상자로
꾸민 자동차랍니다.

🇩🇪 메르세데스-벤츠 230 G 포프모빌_1982년
Mercedes-Benz 230 G Popemobile
교황 전용 방탄차

"대통령이 저격당했다!"
1963년, 미국의 대통령인
존 피츠제럴드 케네디가
링컨 컨티넨탈 자동차 안에서
암살당했어요.

🇺🇸 링컨 컨티넨탈_1961년
Lincoln Continental

조심하세요, 위험해요! 미국의 유명 영화배우인
제임스 딘이 작은 포탄 같이 생긴 이 자동차를
운전하다가 사고로 목숨을 잃었어요.

🇩🇪 포르쉐 550 스파이더_1954년
Porsche 550 Spyder

택시

넓찍하고 편안하여 1970년대 체코슬로바키아인들이 좋아했던 택시 모델이에요. 그뿐 아니라 코스타 가브라스 감독의 영화 〈Z〉에 나온 것처럼 검은색으로 도색한 모델은 주로 무시무시한 비밀경찰들이 탔어요.

타트라 603-3_1968년
Tatra 603-3

피아트 멀티플라_1955년
Fiat Multipla

이탈리아인들은 정말 대단해요! 피아트 600을 모델로 한 이 택시는 시대를 앞서간 소형 미니밴이에요. 운전석이 앞 차축 바로 위에 있고 엔진이 차 뒷부분에 있는 이 자동차에는 3개의 긴 의자가 있어요. 그리고 짐 가방은 지붕 위에 싣고 달렸지요!

헬로, 뉴욕!
1922년부터 1982년까지, 체커 모터스는 4만 대가 넘는 노란 택시를 판매했어요. 이 자동차에는 6명이 탈 수 있는데, 보조 의자를 펼치면 8명까지 탈 수 있어요.

체커 마라톤_1982년
Checker Marathon

이 차를 알아보겠어요? 그 유명한 런던의 검은 택시, 블랙 캡이에요. 모자를 쓰고도 탈 수 있을 정도로 공간이 넉넉하고, 승객과 운전자가 분리되도록 뒷좌석과 운전석 사이에 유리 칸막이가 설치되어 있답니다.

🇬🇧 오스틴 FX4_1958년
Austin FX4

"택시-택시!" 제2차 세계 대전이 끝난 후 미국 군인들이 남겨 두고 간 지프가 완전히 새로운 모습의 집단 택시로 바뀌었어요. 현대화된 지프니는 오늘날에는 필리핀에서만 생산되고 있답니다.

🇵🇭 지프니_1992년
Jeepney

쿠페와 컨버터블

🇩🇪 폭스바겐 카르만 기아 타입 14_1970년
Volkswagen Karmann Ghia Type 14

🇯🇵 닷선 240Z_1971년
Datsun 240Z

🇺🇸 포드 카프리 MK3 280_1986년
Ford Capri MK3 280

🇩🇪 아우디 TT RS_2017년
Audi TT RS

🇮🇹 피아트 쿠페_1993년
Fiat Coupé

🇫🇷 르노 푸에고_1980년
Renault Fuego

포르쉐 911_1964년
Porsche 911

**누구나 꿈꾸는 자동차, 스포츠카!
모두가 운전해 보고 싶어 하는 자동차, 스포츠카!**

특이한 자동차

도로 위에서 정면충돌을 어떻게 피할 수 있냐고요?
바퀴를 앞에 하나, 뒤에 하나, 양옆에 하나씩
마름모의 꼭짓점 위치에 배치한 타원형 모양의
자동차라서 문제없어요.

🇫🇷 샤르보노 일립시스 1_1990년
Charbonneaux Ellipsis 1

🇯🇵 닛산 S 카고_1990년
Nissan S-Cargo

초밥이 생각난다고요? 이 작은 크기의 자동차는 도쿄의 배달원들을 행복하게 해 주지요. 2CV 밴을 본뜬 달팽이 모양 때문에 가장 볼품없는 자동차 50종에 들게 되었어요!

이륙 준비되었나요? 전직 미 해군 조종사였던 발명가의 말에 따르면, 이 비행기가 자동차로 바뀌는 데는 5분이면 충분하다고 해요. 그러나 미국 군대는 이 에어로카보다는 헬리콥터를 선호했어요.

🇺🇸 테일러 에어로카 N102D_1960년
Taylor Aerocar N102D

우아! 땅 위를 달리고 물에도
뜨는 수륙 양용 자동차라고요?
뒤 범퍼 아래에 숨겨진 2개의
스크루에 의해 앞으로 나아가는
암피카는 영불 해협도 건넜어요.

🇩🇪 **크반트 암피카 모델 770_1961년**
Quandt Amphicar model 770

🇬🇧 **유니파워 퀘이사_1968년**
Unipower Quasar

어머나, 유리 상자네요! 길이 1.62미터, 폭 1.63미터로
너무 크지도 않고 다루기가 쉬워요. 가시성이 매우 좋은
이 도시형의 초소형 자동차는 시속 80킬로미터까지
속도를 낼 수 있답니다.

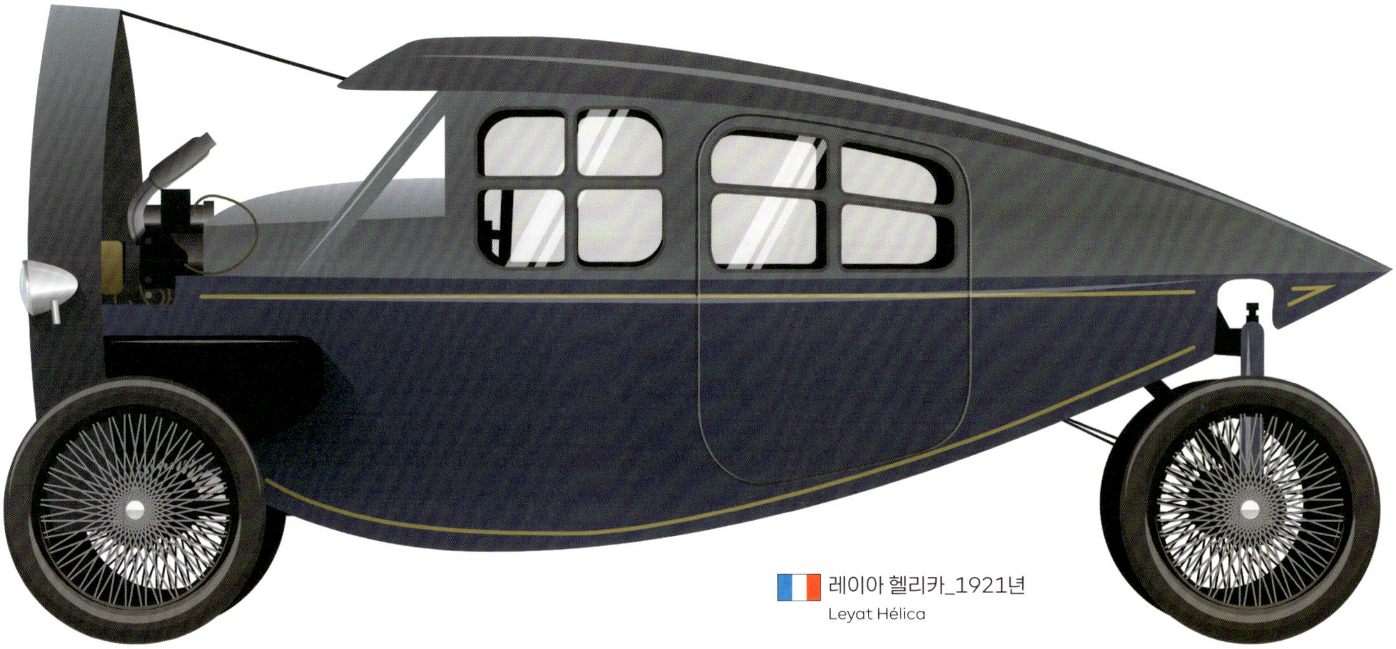

날개 없는 비행기인가요,
아니면 자동차인가요?
헬리카는 대량 생산된 적이
없어요. 뒷바퀴로 방향을
바꾸고 앞바퀴로 브레이크를
잡는 이 자동차는 다루기가
아주 어려웠지요. 뿐만
아니라 프로펠러 때문에
앞을 잘 볼 수 없었고요!

🇫🇷 **레이아 헬리카_1921년**
Leyat Hélica

실용적인 다용도 자동차

🇫🇷 르노 에스타페트_1969년
Renault Estafette

🇸🇪 볼보 240 왜건_1984년
Volvo 240 estate

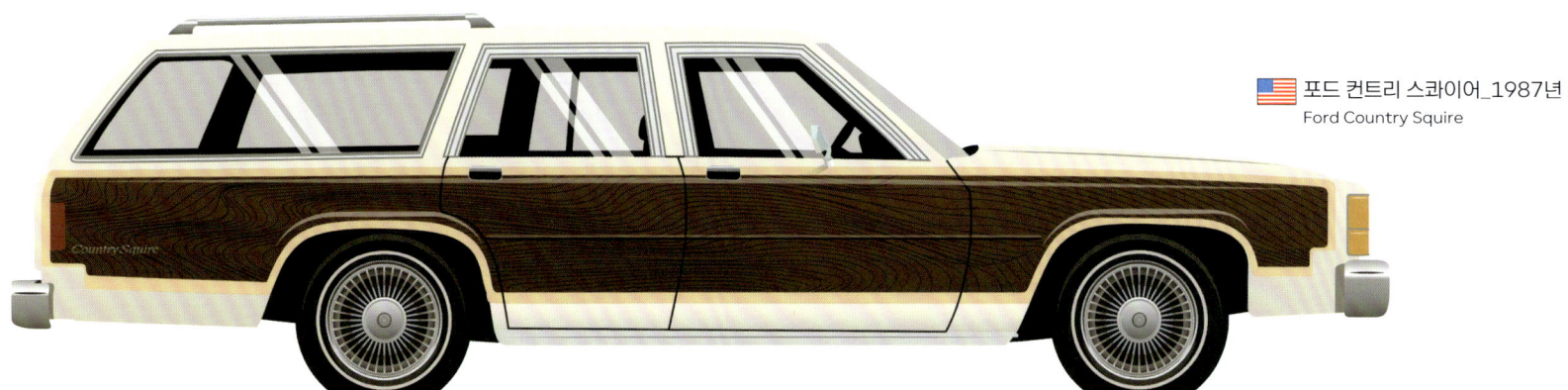

🇺🇸 포드 컨트리 스콰이어_1987년
Ford Country Squire

🇬🇧 모리스 마이너 1000 트래블러_1966년
Morris Minor 1000 Traveller

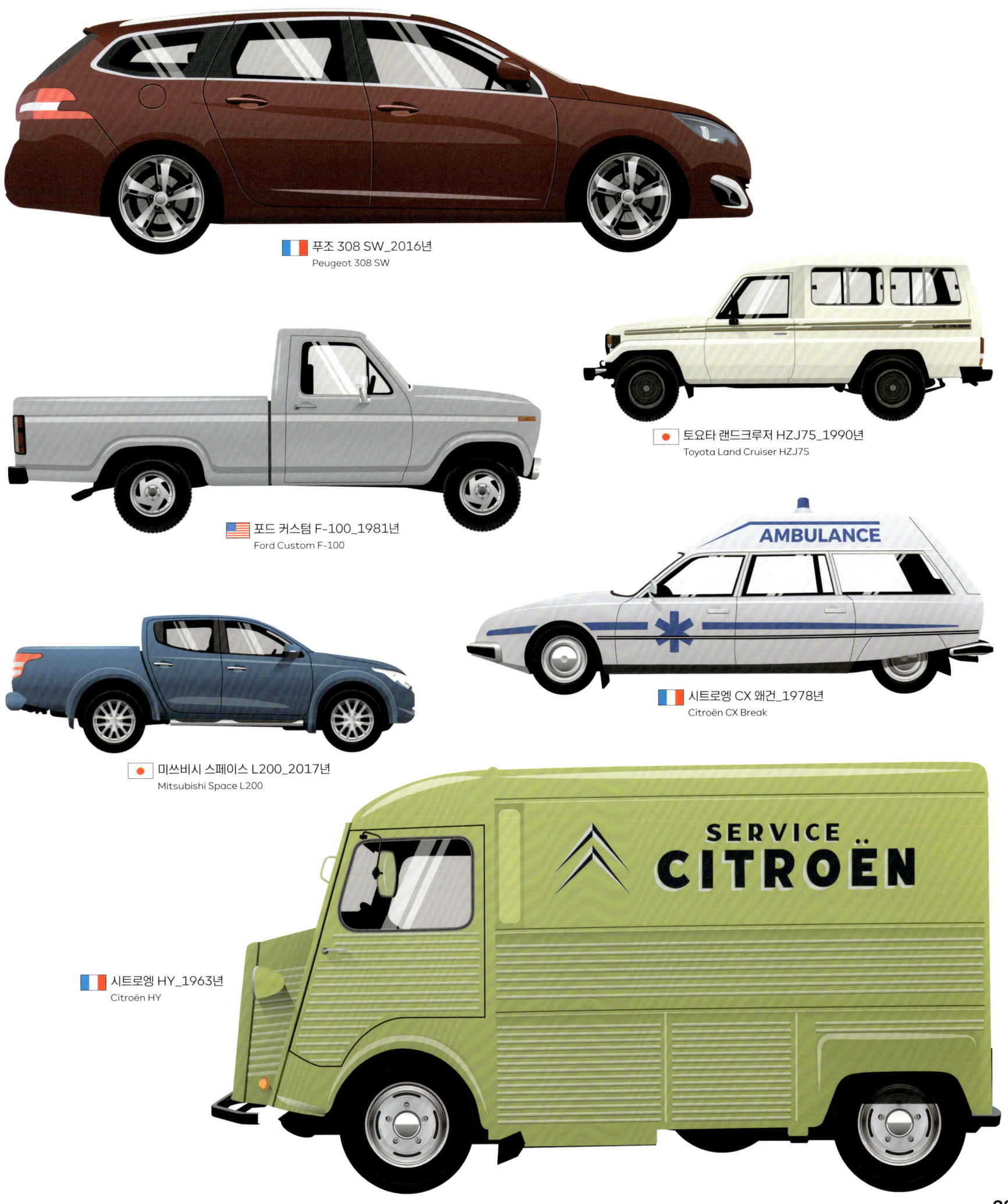

미니밴

미니밴은 무엇인가요? 접이식의 긴 의자들이 있는, 공간이 넉넉한 가족용 자동차예요. 이 소형 미니밴은 화가의 이름을 붙인 유일한 자동차랍니다.

🇺🇸 폰티액 트랜스 스포트_1993년
Pontiac Trans Sport

🇫🇷 시트로엥 C4 피카소_2016년
Citroën C4 Picasso

제너럴 모터스가 미국에서 만든 이 차는 쉐보레와 올즈모빌 브랜드로도 판매되었어요. 공교롭게도 르노 에스파스와 크라이슬러 보이저의 경쟁 상대예요.

르노 계열에서 에스파스를 주문할까요? 정말 놀랍고도 새로운 개념이 탄생했어요. 세련된 이 가족용 자동차는 시트 배치를 바꿀 수 있고, 매우 밝고 안락해요. 7명까지 탈 수 있으며, 넓은 유리창이 있고, 접거나 떼어 낼 수 있는 좌석과 같은 승객을 위한 다양한 장비를 갖추었어요.

미니밴의 선구자인 이 차는 세계에서 가장 많이 판매되기도 했어요. 1983년부터 2016년까지 1300만 대나 팔렸어요!

🇺🇸 크라이슬러 보이저_1990년
Chrysler Voyager

고급형 쿠페 크기의 실내에 미니밴의 공간을 적용한 독특한 생김새의 아방타임! 눈길을 끄는 콘셉트를 지닌 르노 브랜드이지만 에스파스와 마찬가지로 마트라에서 완성했어요. 하지만 판매 실적은 저조했어요.

🇫🇷 르노 아방타임_2001년
Renault Avantime

🇮🇹 피아트 멀티플라_2002년
Fiat Multipla

이 소형 미니밴에 탑승하신 것을 환영합니다! 이 자동차는 앞부분이 돌고래의 코처럼 생겼고 외관은 박스 형태이며, 앞 좌석에 3인용의 의자가 있어서 실내 공간이 넉넉한 것이 특징이에요.

🇫🇷 르노 에스파스_1984년
Renault Espace

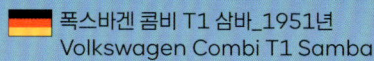 폭스바겐 콤비 T1 삼바_1951년
Volkswagen Combi T1 Samba

세계 일주 여행을 떠날 준비가 되었나요?
1950년부터 2013년까지 생산된 '콤비'는
작은 부엌과 접이식 벤치 시트가 있는 최초의 캠핑카예요.
이 자동차는 히피 시대의 상징이랍니다.

사륜구동 자동차와 스포츠 유틸리티 자동차(SUV)

🇷🇺 라다 니바 1700_1996년
Lada Niva 1700

눈 쌓인 침엽수림 지대에서는 어떻게 달릴까요? 니바('들판')는 최초로 선보인 승용형 사륜구동 SUV예요. 성능이 뛰어나고 혁신적이며 견고한 이 자동차는 상업적으로 전 세계에서 성공한 사례랍니다.

🇬🇧 레인지로버 이보크_2016년
Range Rover Evoque

이 차는 훌륭한 도시형 사륜구동 모델이에요. SUV는 네 바퀴를 굴리는 사륜구동 방식을 주로 사용하는 레저용 자동차예요.

🇯🇵 닛산 쥬크_2017년
Nissan Juke

크로스오버(두 가지를 혼합)란 무엇인가요? 세단(4도어, 최소 4인 좌석과 단단한 지붕을 갖춘 모델)을 기본 바탕으로 SUV를 본떠서 만든 자동차예요. 새로운 형태의 이 도시형 자동차는 대성공을 거두고 있어요.

🇺🇸 허머 H3_2010년
Hummer H3

허머는 이동성이 우수하고 운전이 쉬운 다목적 자동차예요. 군용 모델로 만들어진 H3은 도심에서 사용할 수 있도록 크기를 조절했지요.

포르쉐 브랜드 최초로 선보인 고급스러운 사륜구동 SUV예요. 이것은 2002년부터 시판되고 있지요.

🇩🇪 포르쉐 카이엔(2세대)_2009년
Porsche Cayenne

사하라 사막을 건너기 위해 자동차를 찾고 있다고요? 이 자동차는 어느 지형에서든 달릴 수 있는 모델이에요. 사륜구동인 이 모델은 '카멜 트로피'나 '파리-다카르'와 같은 많은 장거리 자동차 경주 대회에 참가했어요.

🇯🇵 토요타 RAV4_2017년
Toyota RAV4

거리에서 토요타의 이 자동차를 본 적이 있나요? 1994년에 출시되었던 토요타는 유럽에서 가장 많이 팔리는 5종의 모델 중 하나예요.

🇬🇧 랜드로버 디펜더_2015년
Land Rover Defender

포드 GT40

🇺🇸 포드 GT40_1968년
Ford GT40

부르릉부르릉…
이 경주용 자동차는 '르망 24'
경주 대회에서 페라리를 꺾고
4차례 우승했어요!

전례 없는 기록을 세운 차

볼보 1800S_1966년
Volvo 1800S

로터스 세븐 S1_1957년
Lotus Seven S1

타타 젠X 나노_2008년
Tata GenX Nano

빅풋 5_1986년
Bigfoot 5

필 P50_1964년
Peel P50

페라리 335 S_1957년
Ferrari 335 S

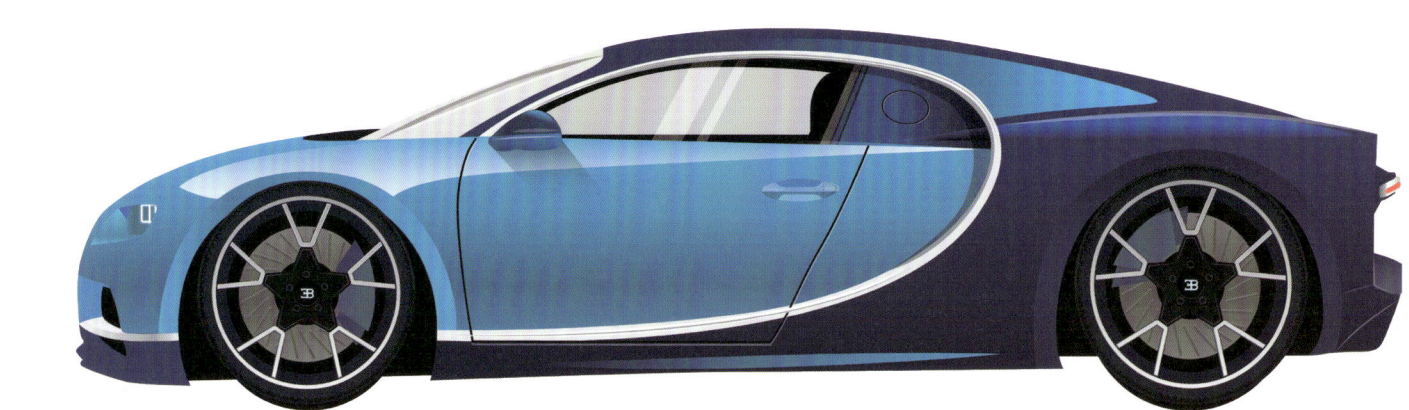
부가티 시론_2016년
Bugatti Chiron

메르세데스-벤츠 770_1930년
Mercedes-Benz 770

스러스트 SSC_1997년
Thrust SSC
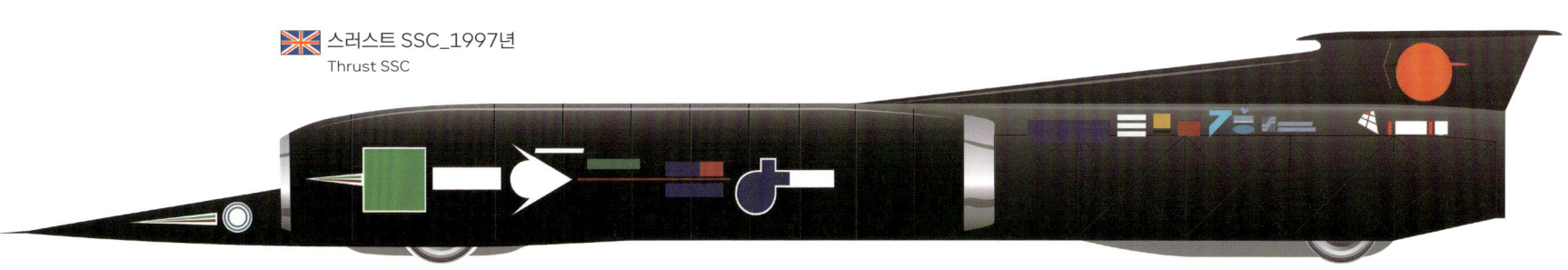

소형차

피아트 600_1955년
Fiat 600

폭스바겐 비틀_1958년
Volkswagen Beetle

르노 4_1966년
Renault 4

스즈키 스위프트(3세대)_2016년
Suzuki Swift

르노 트윙고_1993년
Renault Twingo

다치아 로건_2004년
Dacia Logan

시트로엥 2CV 샬리스턴_1982년
Citroën 2 CV Charleston

초소형차

뒷좌석을 앞뒤로 밀 수 있는 이 판다 자동차는
아주 깜찍해요! 기능이 많고 튼튼하며 가격도 저렴한
이 소형 자동차는 23년 동안 생산되었는데,
그 수가 무려 550만 938대에 이른다고 해요!

🇮🇹 피아트 판다_1980년
Fiat Panda

🇩🇪 스마트 포투(2세대)_2006년
Smart Fortwo

스와치와 메르세데스가 공동으로 개발한,
폭이 1.5미터에 길이가 2.5미터인
이 초소형 자동차를 보세요.
이 자동차는 어느 곳에든지 주차할 수 있지요!

자동차 마니아 여러분!
이 차는 스쿠터 회사인 베스파가 만든 유일한 자동차예요. 이 자동차의 2행정 엔진은 휘발유와 오일을 섞은 혼합유로 작동한답니다.

🇮🇹 피아지오 베스파 400_1957년
Piaggio Vespa 400

스르르! 전 세계에서 동급 최초로 전동식 슬라이딩 문을 장착한 이 차를 경험해 보세요. 그리고 이 차는 소형 미니밴 개념을 살린 자동차예요.

🇫🇷 푸조 1007_2009년
Peugeot 1007

문이 앞쪽으로 열리고, 운전대가 문에 달린 조그만 이 자동차가 재미있다고요?
제2차 세계 대전 이후 가장 인기 있었던 초소형 슈퍼 미니 자동차인, 이세타를 소개합니다.

🇩🇪 BMW 이세타_1957년
BMW Isetta

IQ가 뭐예요? 영어로 지능 지수를 말하지요. 하지만 기능이 많고, 공해 물질을 덜 배출하며, 필요 이상으로 많은 장치를 갖춘, 이 똑똑한 자동차는 상업적으로는 성공하지 못했어요.

🇯🇵 토요타 iQ_2008년
Toyota iQ

 미니_2014년
Mini

**미니 아니면 맥시? 아주 작고 가벼우며,
경제적인 오스틴 미니는 1959년에 태어났어요.
오스틴 미니의 최신 현대식 모델은 길이는 50센티미터
길어지고, 무게는 400킬로그램 늘었어요.
미니는 역동적인 고급 모델로 인정받아요.**

핫로드와 맞춤형 자동차

🇺🇸 쉐보레 아파치_1958년
Chevrolet Apache

1950년대 미국에서 가장 인기 있었던 픽업트럭이에요! 차의 뒷부분에 덮개가 없고 견고하며 힘이 좋은 이 차는 산악 지대로 주말여행 떠나기에 안성맞춤이에요.

차체를 따라 화려하게 꾸미고, 뒤쪽에 뾰족한 날개처럼 생긴 테일 핀을 설치하고, 크롬 장식을 더한 캐딜락, 이 차는 미국 고급차예요!

🇺🇸 캐딜락 시리즈 62_1958년
Cadillac Series 62

몽환적인 그림을 그려 넣은, 단 하나밖에 없는 독특한 이 모델은, 1960년대에 활동했던 유명한 여성 로커 재니스 조플린의 자동차였어요. 이 자동차는 오늘날에도 달리는 데는 아무 문제가 없답니다!

🇩🇪 포르쉐 356 SC 1600 카브리올레_1964년
Porsche 356 SC 1600 Cabriolet

<아메리칸 그라피티>라는 영화의 스타는 핫로드예요.
1950년 이전에 생산된 구형 자동차였는데, 차체와
엔진을 대대적으로 개조한 미국 자동차랍니다.

🇺🇸 포드 듀스_1932년
Ford Deuce

차의 문과 펜더를 포함한 차체가 모두 둥글고
매끄러운 디자인이에요. 이렇게 둥그스름하고
매끄러운 차체 스타일을 '폰툰 보트'라고 해요.

🇺🇸 머큐리 에이트 쿠페_1949년
Mercury Eight Coupe

세단

🇫🇷 푸조 508_2015년
Peugeot 508

🇫🇷 시트로엥 C5(2세대)_2015년
Citroën C5

🇯🇵 토요타 코롤라(3세대)_1978년
Toyota Corolla

🇸🇪 사브 900_1979년
Saab 900

🇸🇪 볼보 S90_2017년
Volvo S90

🇺🇸 포드 크라운 빅토리아_1997년
Ford Crown Victoria

🇩🇪 BMW 5시리즈(G30)_2016년
BMW 5 Series

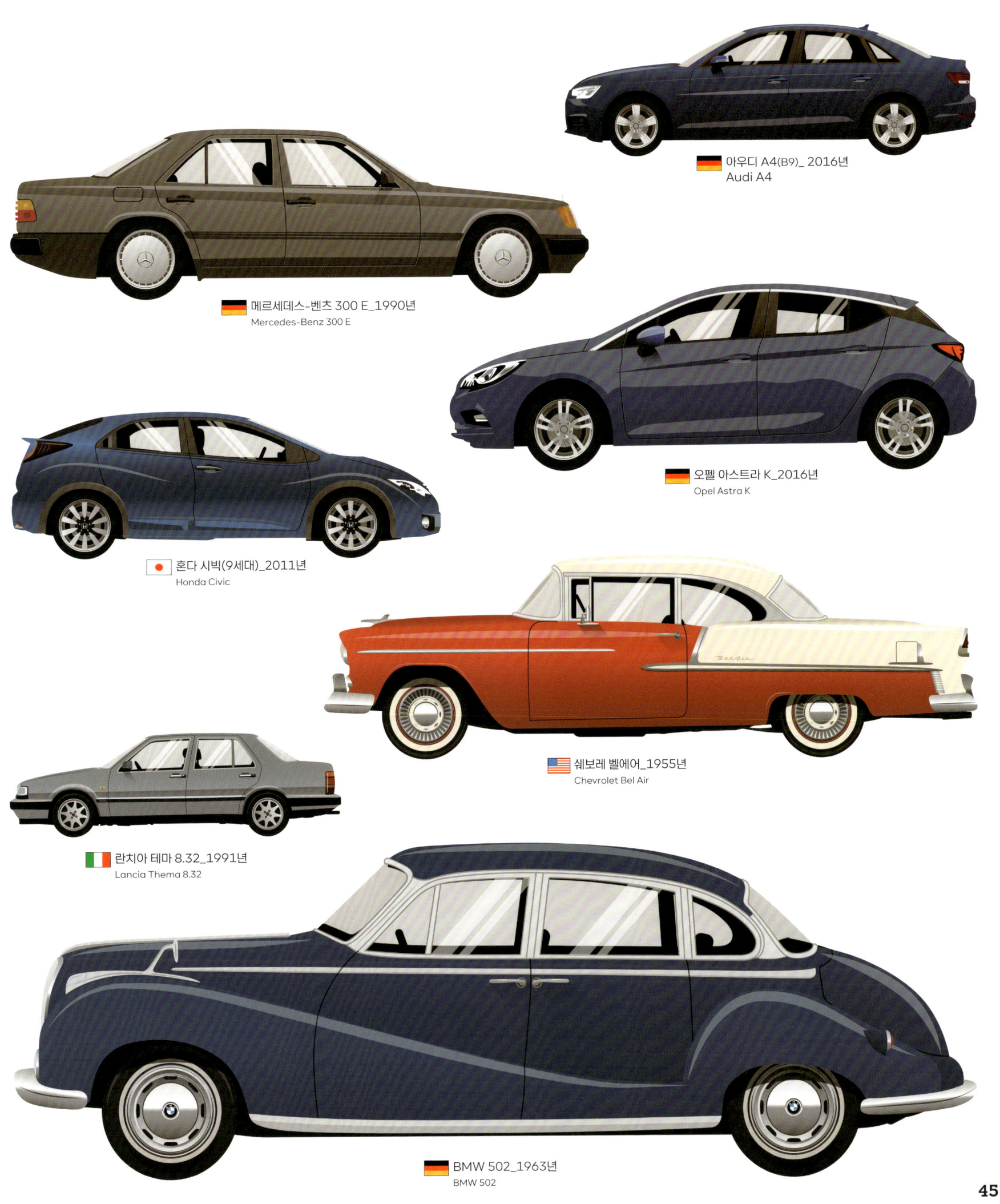

호화로운 고급 자동차

🇫🇷 시트로엥 DS_1955년
Citroën DS

**비행접시인가요? 아니요, 시트로엥 DS예요.
이 차는 미래 지향적인 외관과 유선형의 차체, 그리고
다양한 기술 혁신으로 완전히 새롭게 탄생했어요.**

시트로엥 DS

영화에 등장한 자동차

플리머스 슈퍼버드_1970년
Plymouth Superbird
애니메이션 영화 <카>에 출연

쉐보레 카마로_2014년
Chevrolet Camaro
<트랜스포머 4>에 출연

포드 그랜 토리노_1974년
Ford Gran Torino
TV 드라마 <스타스키와 허치>에 출연

링컨 푸투라_1966년
Lincoln Futura
TV 방영 <배트맨> 시리즈에서 주인공인 배트맨의 차

닷지 차저_1969년
Dodge Charger
<해저드 마을의 듀크 가족>에 출연

포드 팰컨 XB GT_1973년
Ford Falcon XB GT
<매드 맥스>에서 전투 요격기로 출연

페라리 308 GTS_1980년
Ferrari 308 GTS
<매그넘>에 출연

들로리언 DMC-12_1981년
DeLorean DMC-12
<백 투 더 퓨처>에 출연

스포츠카

🇬🇧 모건 4/4 시리즈 1_1949년
Morgan 4/4 Series 1

🇯🇵 스바루 임프레자 WRX_2016년
Subaru Impreza WRX

🇮🇹 알파로메오 8C 콤페티치오네_2007년
Alfa Romeo 8C Competizione

🇬🇧 아리엘 아톰 500 V8_2008년
Ariel Atom 500 V8

🇬🇧 애스턴마틴 V12 뱅퀴시_2001년
Aston Martin V12 Vanquish

🇬🇧 재규어 XJ220_1992년
Jaguar XJ 220

🇮🇹 마세라티 기블리_1966년
Maserati Ghibli

🇺🇸 닷지 바이퍼 ACR_2016년
Dodge Viper ACR

이 자동차는 역사상 가장 많이 팔린 로드스터예요!
접이식 덮개가 달린 2인승 스포츠카로 1960년대
영국의 대표 클래식 카인 MGB에서 착안했어요.

ROADSTER
로드스터 마쓰다 MX-5

🇯🇵 마쓰다 MX-5(ND)_2016년
azda MX-5

🇩🇪 폭스바겐 골프

골프(1세대)_1974년

골프(2세대), 1983년

골프(3세대)_1991년

골프(4세대)_1997년

골프(5세대)_2003년

골프(6세대)_2008년

골프(7세대)_2012년

골프(8세대)_2019년

1974년, 폭스바겐은 뒤쪽에 트렁크를 가린 부분 전체가 열리는 해치 도어가 달린 소형차를 출시했어요.
그래서 짐칸의 문이 활짝 열려요. <골프>는 출시되자마자 성공을 거두었지요. 해치백, 왜건, GTI(고성능 버전 모델인 핫해치),
카브리올레, 심지어 사륜구동까지, 다양한 형태와 모델을 갖춘 <골프>는 첫 생산 이래 3500만 대 이상 생산되었어요.
골프의 여덟 세대 중 어느 모델이 가장 마음에 드나요?

미래의 자동차

이륙 준비가 되었나요? 자, 이제 자율 비행하는 미래의 자동차를 소개합니다. 자동으로 조종되는 이 자동차는 헬리콥터처럼 수직으로 이륙하고 비행기처럼 날아다녀요. 앞으로 10여 년 안에 상용화될 예정이랍니다.

🇯🇵 토요타 프리우스(4세대)_2016년
Toyota Prius

1997년에 출시되었던 토요타 최초의 양산형 하이브리드 자동차예요. 공해 물질을 거의 배출하지 않는 <프리우스>는 동력원이 2개예요. 전기 모터와 휘발유 엔진을 사용하지요. 제동을 걸 때 에너지가 생산되면서 배터리를 충전시킬 수 있고요.

🇺🇸 테라푸지아 TF-X_2013년
Terrafugia TF-X

이 콘셉트 카는 가상의 모습이에요. 차체를 변형시킬 수 있고, 완전히 새로워진 기술을 적용하며, 최첨단 복합 재료들을 사용하는 등 모든 것이 가능해요. 이러한 생각의 도구로 '공기 역학적, 혁신적, 생태적'이라는 경향을 정의해 볼 수 있어요. 여러분은 미래의 자동차가 어떨 것으로 상상하나요?

🇩🇪 BMW 비전 넥스트 100_2016년
BMW Vision Next 100

여러분은 이 전기 자동차를 알고 있나요? 이 고급형 세단은 기술적으로, 미학적으로뿐만 아니라 상업적으로도 성공적이에요. 변속기도 클러치도 없는 이 자동차는 단 한 번만의 충전으로 500~600킬로미터까지 갈 수 있어요.

🇺🇸 테슬라 모델 S_2016년
Tesla Model S

온전히 자율 주행하는 자동차예요! 카메라, 레이더, 위성 위치 정보 시스템인 GPS까지 장착한 이 전기 자동차는 운전자도, 운전대도, 페달도 없어요. 한 번 충전하면 160킬로미터까지 달릴 수 있고, 속도는 최고 시속 40킬로미터까지 낼 수 있답니다.

🇺🇸 알파벳 구글 카_2014년
Alphabet Google Car

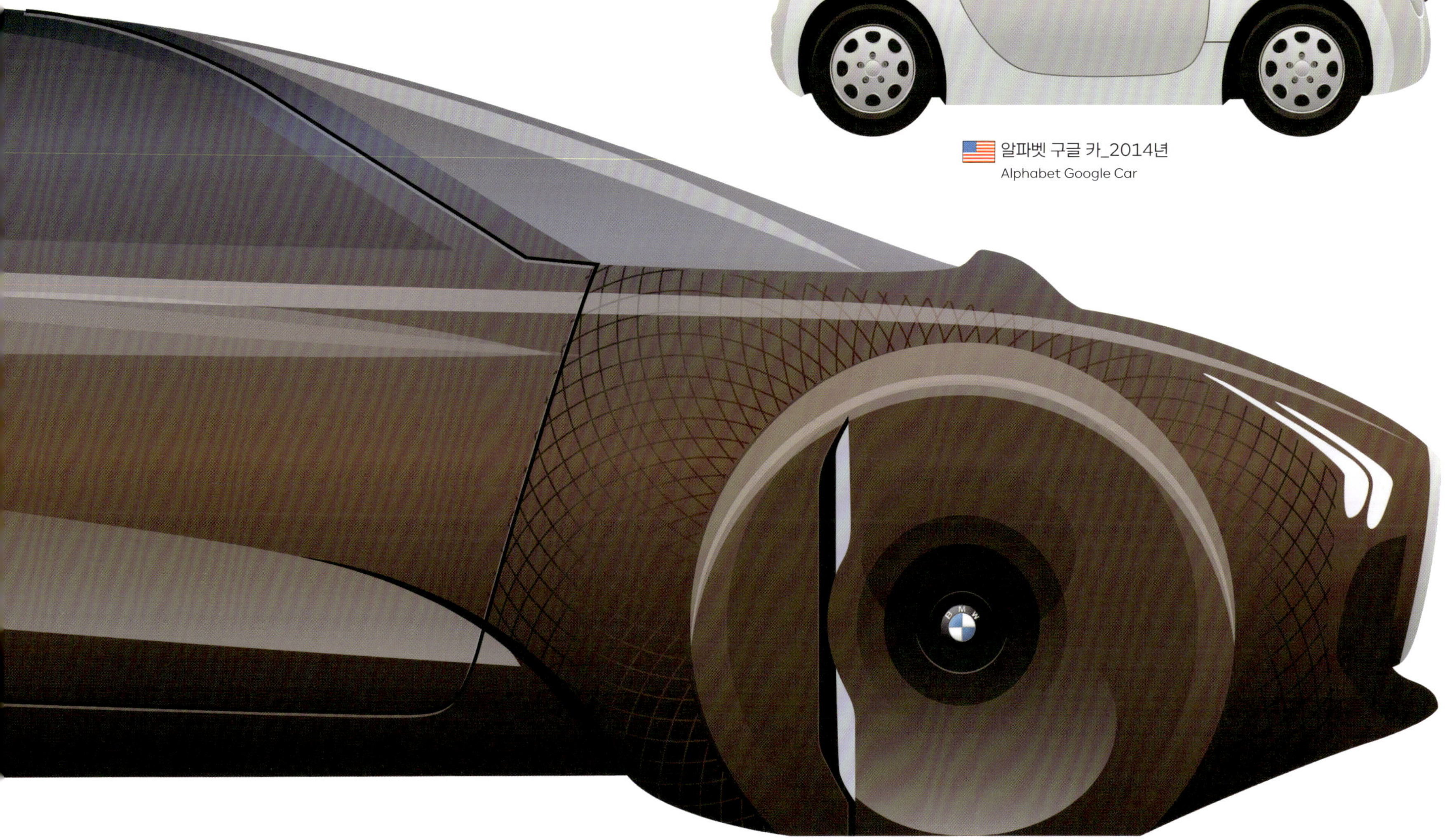

찾아보기

ㄴ
닛산 스카이라인 R34 GT-R 51
닛산 쥬크 28
닛산 S 카고 20

ㄷ
다치아 로건 36
닷선 240Z 52
닷지 바이퍼 ACR 16
닷지 차저 50
들로리언 DMC-12 50

ㄹ
라다 니바 1700 28
란치아 람다 9
란치아 스트라토스 HF 31
란치아 테마 8.32 45
람보르기니 쿤타치 53
랜드로버 디펜더 29
레이아 헬리카 21
레인지로버 이보크 28
로터스 세븐 S1 34
로터스 33 30
롤스로이스 실버 고스트 8
롤스로이스 팬텀 V 47
르노 아방타임 25
르노 에스타페트 22
르노 에스파스 25
르노 클리오(4세대) 37
르노 트윙고 36
르노 푸에고 16
르노 AG 12
르노 4 36
르노 4CV 37
르노 5 터보 30
링컨 컨티넨탈 13
링컨 타운카 47
링컨 푸투라 50

ㅁ
마세라티 기블리 52
마세라티 콰트로포르테(6세대) 47
마쓰다 MX-5(ND) 54
마트라 심카 MS670C 31
머큐리 에이트 쿠페 43
메르세데스-마이바흐 S-클래스 46
메르세데스-벤츠 190 SL 17
메르세데스-벤츠 230 G 포프모빌 13
메르세데스-벤츠 300 E 45
메르세데스-벤츠 600 풀만 47
메르세데스-벤츠 770 35
모건 4/4 시리즈 1 52
모리스 마이너 MM 37
모리스 마이너 1000 트래블러 22
미니 40
미쓰비시 스페이스 L200 23

ㅂ
벤츠 페이턴트 모터바겐 8
벤틀리 뮬산 46
벤틀리 R-타입 컨티넨탈 46
볼보 S90 44
볼보 240 왜건 22
볼보 1800S 34
부가티 시론 35
부가티 타입 35C 31
부가티 타입 41 르와이얄 46
빅풋 5 34

ㅅ
사브 900 44
샤르보노 일립시스 1 20
샤파렐 2J 30
쉐보레 벨에어 45
쉐보레 실버라도 SS 51
쉐보레 아파치 42
쉐보레 카마로 50
쉐보레 코베어 700 9
스러스트 SSC 35
스마트 포투(2세대) 38
스바루 임프레자 WRX 52
스즈키 스위프트(3세대) 36
시트로엥 메하리 플라주 37
시트로엥 타입 C 8
시트로엥 트락숑 아방 11BL 12
시트로엥 CX 왜건 23
시트로엥 C4 피카소 24
시트로엥 C5(2세대) 44
시트로엥 DS 48
시트로엥 HY 23
시트로엥 2CV 샬리스텐 36

ㅇ
아리엘 아톰 500 V8 52
아우디 스포트 콰트로 S1 E2 31
아우디 A4(B9) 45
아우디 A8 L 47
아우디 TT RS 16
알파로메오 알페타 159 30
알파로메오 1600 스파이더 듀에토 17
알파로메오 8C 콤페티치오네 52
알파벳 구글 카 59
알핀 A110 31
애스턴마틴 라피드 S 46
애스턴마틴 DB5 51
애스턴마틴 V12 뱅퀴시 52
오스틴 힐리 3000 MK1 17
오스틴 FX4 15

오스틴 7 37
오펠 아스트라 K 45
유니파워 퀘이사 21
윌리스 지프 MB 12

ㅈ
재규어 XJ(351) 46
재규어 XJ220 52
지프니 15

ㅊ
체커 마라톤 14

ㅋ
캐딜락 시리즈 62 42
캐딜락 푸투라 리무진 51
퀴뇨의 증기 기관 짐수레 8
크라이슬러 보이저 25
크라이슬러 300 SRT8 46
크반트 암피카 모델 770 21

ㅌ
타타 젠X 나노 34
타트라 603-3 14
테라푸지아 TF-X 58
테슬라 모델 S 59
테일러 에어로카 N102D 20
토요타 랜드크루저 HZJ75 23
토요타 코롤라(3세대) 44
토요타 프리우스(4세대) 58
토요타 iQ 39
토요타 RAV4 29
트라이엄프 TR3A 17
티렐 P34 30

ㅍ
파셀 베가 파셀리아 51
파셀 베가 HK500 53
페라리 엔초 53
페라리 테스타로사 53
페라리 F2002 30
페라리 308 GTS 50
페라리 335 S 35
포드 그랜 토리노 50
포드 듀스 43
포드 머스탱 패스트백 V8 GT390 51
포드 모델 T 10
포드 카프리 MK3 280 16
포드 커스텀 F-100 23
포드 컨트리 스콰이어 22
포드 크라운 빅토리아 44
포드 팰컨 XB GT 50
포드 GT40 33
포르쉐 카이엔 29
포르쉐 파나메라 47
포르쉐 356 SC 1600 카브리올레 42
포르쉐 550 스파이더 13
포르쉐 718 박스터 17
포르쉐 911 19
포르쉐 917 LH 31
포르쉐 928 9
폭스바겐 골프 56, 57
폭스바겐 비틀 36
폭스바겐 카르만 기아 타입 14 . . . 16
폭스바겐 콤비 T1 삼바 27
폰티액 트랜스 스포트 24
푸조 205 터보 16 30
푸조 207 37
푸조 308 SW 23
푸조 403 카브리올레 51
푸조 504 카브리올레 17
푸조 508 44
푸조 1007 39
플리머스 슈퍼버드 50
피아지오 베스파 400 39
피아트 멀티플라 14, 25
피아트 쿠페 16
피아트 판다 38
피아트 500 37
피아트 600 36
필 P50 34

ㅎ
허머 H3 28
혼다 시빅(9세대) 45

알파벳
AC 코브라 260 53
AWZ 트라반트 601 13
BMW 비전 넥스트 100 58
BMW 이세타 39
BMW Z3(E36) 17
BMW 327 53
BMW 5 시리즈(G30) 44
BMW 502 45
MGB 17
NSU Ro 80 9